Jacques-Antoine Dulaure

Du culte
de Vénus

essai

ISBN : 978-1539095620

10 9 8 7 6 5 4 3 2 1

Jacques-Antoine Dulaure

Du culte de Vénus

essai

Table de Matières

Du culte de Vénus

DE QUELQUES AUTRES INSTITUTIONS
ET USAGES RELIGIEUX
QUI ONT RAPPORT AU CULTE DU PHALLUS

Chez les nations où l'abondance des enfants est pour leurs pères un moyen de richesse, un titre de gloire, où une progéniture nombreuse attire la considération et le respect, et où, par conséquent, l'impuissance des hommes et la stérilité des femmes deviennent un opprobre et sont regardés comme un signe de la malédiction divine, l'acte par lequel l'homme reproduit son semblable, et les objets qui servent à cette reproduction, doivent être en grand honneur. La continence, bien loin d'être mise au rang des vertus, y est considérée comme un attentat à la société. C'est évidemment la nécessité d'accroître la population qui a fait naître cette opinion, laquelle a dû s'altérer lorsque cette nécessité fut moins sensible, puis devenir une source de débauche et de superstition, lorsque le temps en eut effacé de la mémoire des hommes la cause primitive.

Sous un climat où les vêtements sont souvent inutiles et importuns, l'habitude de voir des nudités les rendait indifférentes ; elles ne causaient que peu ou point d'émotions, et n'irritaient pas plus les désirs que ne le font les parties du corps que les nations civilisées laissent aujourd'hui à découvert. Ainsi, l'on pourrait conclure de ces notions que la pudeur est native des régions où le froid a rendu les vêtements indispensables.

L'usage d'honorer l'acte de la génération et l'habitude des nudités, sont deux causes qui ont puissamment influé sur les mœurs des nations. Lorsque ces causes ont agi ensemble dans une même région de la terre, leur influence a été plus marquée et a produit des institutions civiles et religieuses qui portaient tous les caractères de leur double origine.

Lorsque, dans d'autres pays, une de ces deux causes agissait isolément, son influence, moins puissante, produisait des institutions moins fortement caractérisées.

Jacques-Antoine Dulaure

Enfin, chez les peuples où ces deux causes n'ont point du tout existé, il en résultait des opinions, des habitudes, des institutions particulières et absolument contraires à celles des peuples qui vivaient sous leur influence.

De là cette diversité étrange de mœurs et de coutumes, ces contrastes choquants, ces différences totales qui existent entre les opinions et les institutions des nations qui peuplent ou qui peuplaient la terre. On serait, au premier abord, porté à croire que la nature de l'homme du Midi n'est pas la même que celle de l'homme du Nord, ou à douter de la véracité des écrivains qui ont offert, de leurs mœurs respectives, des tableaux si différents.

Il est vrai que le temps, les communications de peuple à peuple, les migrations lointaines, le commerce, les révolutions politiques et religieuses ont, dans plusieurs contrées, effacé, en tout ou en partie, les caractères que les causes dont j'ai parlé y avaient imprimés ; ont adouci ces nuances tranchantes qui distinguaient leurs habitants. Mais ces événements n'ont pas agi partout ; et, dans les lieux où leur action s'est fait sentir, elle n'a pas toujours été assez puissante pour faire disparaître entièrement le caractère antique. L'histoire, d'ailleurs, ainsi que l'attachement des peuples à leurs vieilles habitudes, ont préservé les monuments caractéristiques des sociétés primitives d'une ruine complète. Des traits fortement prononcés existent encore et suffisent pour indiquer les causes qui les ont tracés.

Ces causes matrices, où l'esprit des nations est venu pour ainsi dire, comme une matière fusible, se couler, recevoir des formes et se durcir, ont agi ensemble et avec force dans certaines régions. De vastes déserts, des terrains incultes ou inondés, peuplés d'animaux destructeurs et féroces, appelaient le génie, le courage et les travaux des hommes. La population y était d'autant plus désirable qu'elle assurait la puissance et la richesse. Aussi les lois, les préceptes, les institutions civiles et religieuses des temps anciens, que la tradition nous a conservés, tendent vers ce but unique, favorisent et provoquent même l'accroissement de la population.

La circoncision, un des rites les plus anciens que les Égyptiens et les Éthiopiens pratiquaient avant les Hébreux n'avait évidemment pour but que de rendre plus commode que de favoriser l'acte de la reproduction de l'homme, et de faire disparaître jusqu'à ses plus faibles obstacles.

Le premier précepte que Dieu, dans la Genèse, adresse aux hommes après le déluge, est celui-ci *Croissez* et *multipliez, remplissez* la terre. Ce précepte est répété dans le même discours, et cette répétition en fait sentir l'importance. Aussi, chez les Hébreux, le concubinage n'était point un crime, il était habituel, et le mariage ne l'excluait point.

Sara, femme d'Abraham, fournit elle-même à son mari une concubine ; elle lui livra sa servante Agar, dont le patriarche eut des enfants.

Nachor, frère d'Abraham, eut aussi plusieurs enfants d'une concubine appelée Roma.

Loth, pour assouvir les désirs impétueux des habitants de Sodome, leur offre ses deux filles encore vierges.

Ces deux mêmes filles enivrent, bientôt après, leur père, se livrent à ses caresses et en ont des enfants.

Jacob épouse en même temps les deux soeurs, Rachel et Lia ; et, lorsque l'une et l'autre sont devenues stériles, elles se font remplacer par leurs servantes. Rachel fournit à son mari sa servante Bala ; et Lia, sa servante Zelpha.

Bala, qui dormait avec Jacob, dormit aussi avec Ruben, fils de ce patriarche.

Thamar épouse successivement les deux frères, Her et Onan, fils de Juda ; n'en ayant point d'enfant, et dans la crainte d'être accusée de stérilité, elle va, déguisée en prostituée, se placer sur un chemin où devait passer son beau-père. Celui-ci la méconnaît, marchande ses faveurs, y met un prix, les obtient, et en a deux enfants.

Ces fornications, ces adultères, ces incestes, et plusieurs autres qu'il est inutile de rapporter, ne sont point présentés, dans les livres de la Bible, comme des crimes, mais comme des actions ordinaires. Ceux qui en sont les auteurs n'y reçoivent aucun reproche, n'éprouvent ni blâme, ni punition.

Si la Bible se plaint de Salomon, qu'elle dit avoir surpassé en sagesse tous les rois de la terre, ce n'est point parce qu'ayant épousé la fille du pharaon d'Égypte, et ayant eu un commerce passager avec la reine de Saba, il vivait en outre avec sept cents femmes qualifiées de reines, et trois cents qualifiées de concubines ; mais parce que ce nombreux sérail, destiné aux amours et aux plaisirs de ce roi sage, était composé de femmes étrangères, de Moabites, d'Ammonites, d'Iduméennes, de Sidoniennes et de femmes du pays des Héthéens, nations chez lesquelles la loi de Moïse défend aux Hébreux de prendre des épouses, et qui professaient une religion différente de la leur. Salomon fut perverti par elles ; il érigea des autels, des temples et des idoles en l'honneur des divinités adorées par ces étrangères. Ainsi, ce n'est point la quantité exorbitante de femmes qui composaient le sérail de Salomon, que la Bible réprouve dans ce roi, mais leur qualité d'étrangères et d'idolâtres.

Lorsqu'il s'agit, au contraire, dans la Bible, de ces actes infâmes, de ces plaisirs stériles et nuisibles à la population, alors l'opinion se prononce fortement contre eux. L'action d'Onan excite l'indignation, et les mœurs corrompues des habitants de Sodome et de Gomorrhe attirent sur leurs villes une punition exemplaire et terrible.

Enfin la virginité, pour les filles nubiles, était chez les Hébreux, comme elle l'est encore chez les Indiens, une espèce d'opprobre, Jephté, avant de se laisser religieusement égorger par son père, lui dit « Laissez-moi aller pleurer pendant deux mois ma virginité dans les montagnes. » Elle alla avec ses compagnes pleurer de ce qu'elle mourrait vierge.

Les jeunes Indiennes, suivant Mendes Pinto, croient ne pouvoir point être reçues en paradis avec leur virginité.

Si nous portons nos regards sur les institutions et les usages de quelques autres nations de l'Orient, nous y verrons, sous des formes différentes, un motif pareil, celui d'honorer l'acte de la génération et de favoriser la population.

Le culte de Vénus, si répandu en Orient, et qui s'introduisit ensuite en Grèce et en Italie, avait pour objet d'honorer la faculté fécondante de la nature. Son origine était plus ancienne et différente de celle de Priape ; mais le culte de l'un et de l'autre avait un même but, celui d'accroître la population.

Dans les cérémonies du culte de Vénus, l'acte de la génération était sanctifié. La jeunesse des deux sexes venait offrir solennellement à cette déesse ses premiers essais dans ce genre ; ainsi qu'ailleurs, on offrait à d'autres divinités les prémices des fleurs, des fruits, et les nouveau-nés des animaux domestiques.

La politique fonda cette cérémonie, la superstition la consacra, et l'attachement des peuples pour les vieilles habitudes, et surtout pour celles qui tiennent à la religion, la maintint jusque dans un temps où la civilisation avancée, les mœurs altérées, commençaient à la rendre humiliante pour les personnes qui étaient forcées de s'y soumettre.

« Le culte qu'on rend à cette divinité, dit Montesquieu, est plutôt une profanation qu'une religion. Elle a des temples où toutes les filles de la ville se prostituent en son honneur et se font une dot des profits de la dévotion. Elle en a où chaque femme mariée va, une fois en sa vie, se donner à celui qui la choisit, et jette dans le sanctuaire l'argent qu'elle a reçu. Il y en a d'autres où les courtisanes de tous les pays, plus honorées que les matrones, vont porter leurs offrandes. Il y en a enfin où les hommes se font eunuques et s'habillent en femmes pour servir dans le sanctuaire, consacrant à la déesse et le sexe qu'ils n'ont plus, et celui qu'ils ne peuvent pas avoir. »

Ce n'est point ici une fiction poétique, c'est la vérité que l'illustre auteur que je viens de citer a puisée dans l'histoire de diverses nations.

Plusieurs écrivains de l'antiquité témoignent que ces cérémonies dévotes et voluptueuses étaient pratiquées dans plusieurs pays de l'Orient, et notamment à Babylone. Le prophète Jérémie, dans sa lettre adressée aux Juifs destinés à être conduits captifs dans cette ville, leur apprend l'existence de cet usage. Le géographe Strabon en fait aussi mention ; mais Hérodote est celui qui le décrit avec le plus de détail.

« Les Babyloniens, dit-il, ont une loi bien honteuse. Toute femme, née dans le pays, est obligée, une fois dans sa vie, de se rendre au temple de Vénus, pour s'y livrer à un étranger. Plusieurs d'entre elles, dédaignant de se voir confondues avec les autres, à cause de l'orgueil que leur inspirent leurs richesses, se font porter devant le temple dans des chars couverts. Là, elles se tiennent assises, ayant derrière elles un grand nombre de domestiques qui les ont accompagnées ; mais la plupart des autres s'asseyent dans la pièce de terre dépendante du temple de Vénus, avec une couronne de feuilles autour de la tête. Les unes arrivent, les autres se retirent. On voit en tout temps des allées séparées par des cordages tendus. Les étrangers se promènent dans ces allées et choisissent les femmes qui leur plaisent le plus. Quand une femme a pris place en ce lieu, elle ne peut retourner chez elle que quelque étranger ne lui ait jeté de l'argent sur les genoux, et n'ait eu commerce avec elle hors du lieu sacré. Il faut que l'étranger, en lui jetant de l'argent, lui dise « J'invoque la déesse Mylitta. » Or, les Assyriens donnent à Vénus le nom de Mylitta. Quelque modique que soit la somme, il n'éprouvera point de refus ; la loi le défend ; car cet argent devient sacré. Elle suit le premier qui lui jette de l'argent, et il ne lui est permis de repousser personne. Enfin, quand elle s'est acquittée de ce qu'elle devait à la déesse, en s'abandonnant à un étranger, elle retourne chez elle. Après cela, quelque somme qu'on lui donne, il n'est pas possible de la séduire. Celles qui ont en partage une taille élégante et de la beauté ne font pas un long séjour dans le temple ; mais les laides y restent davantage, parce qu'elles ne peuvent satisfaire à la loi. Il y en a même qui y demeurent trois ou quatre ans. »

Le même historien ajoute « Une coutume à peu près semblable s'observe en quelques endroits de l'île de Chypre. »

Cette pratique était en effet en vigueur à Paphos, ville de cette île. Justin, en rapportant les causes de la fondation de Carthage, dit qu'Élissa, fuyant Tyr où son frère Pygmalion avait assassiné son mari Acerbus pour s'emparer de ses trésors, aborda avec plusieurs Tyriens, compagnons de sa fuite, sur la côte de l'île de Chypre. Elle y débarquait au moment où les Cypriotes célébraient la fête de Vénus. Les jeunes filles de Paphos se présentaient aux étrangers, et leur offraient la jouissance de leurs charmes, dont le prix était destiné à former leur dot.

Élissa fit choix de quatre-vingts de ces galantes Cypriotes, les embarqua sur sa flotte, les unit aux jeunes Tyriens qui l'accompagnaient, afin de peupler la ville qu'elle se proposait de bâtir. Elle arriva en Afrique, et y fonda Carthage.

Les Tyriens et les Cypriotes transportèrent les mœurs et la religion de leurs pays dans cette nouvelle contrée. L'usage qui obligeait les jeunes filles à venir gagner leur dot au bord de la mer, y fut mis en vigueur. À quelque distance de la nouvelle ville était un lieu consacré à Vénus, appelé *Sicca veneria*. Un pareil lieu, consacré à la même divinité, et destiné au même culte, existait chez les Phéniciens sous le nom de *Succoth Benoth* ou *Siccoth Venoth*. Ces mots signifient tentes des filles. On croit, avec beaucoup de raisons, que le nom Vénus en est dérivé. Valère Maxime nous apprend que, dans ce lieu, se rendaient les jeunes Carthaginoises, et que, sous les auspices de la déesse, elles se livraient religieusement à la brutalité des étrangers, et acquéraient, au prix de leur virginité, une somme qui servait à les marier.

Cet usage religieux et galant était établi dans toute la Phénicie. La déesse qui présidait à la génération s'y nommait Astarté, et le lieu qui lui était consacré, Succoth-Benoth. À Byblos, les jeunes filles avaient l'alternative de se prostituer pendant un jour entier aux étrangers, ou de sacrifier leurs cheveux à la déesse. Si l'on en juge d'après les vives déclamations faites par différents écrivains contre le culte de la Vénus de Byblos et contre ses indécences, on se convaincra que les filles de cette ville préféraient conserver leur chevelure. En ce dernier cas, le prix de la prostitution ne servait point à leur dot, mais était destiné à subvenir aux frais du culte. C'est saint Augustin qui nous instruit de cette particularité, en nous disant que, de son temps, les prostitutions religieuses étaient en usage dans toute la Phénicie.

Elles y existèrent même longtemps après, jusque sous le règne de Constantin. Suivant Eusèbe et Théodoret, le temple d'Héliopolis, en Phénicie, celui des Aphaques, situé sur le mont Liban, entre Héliopolis et Byblos, étaient dédiés à des divinités qui exigeaient de pareils sacrifices. Ces deux écrivains nous apprennent que cet empereur fit détruire ces temples, et abolit le culte indécent qu'on y célébrait.

Les Hébreux, voisins des Phéniciens, ne purent résister à l'attrait de l'exemple que ces derniers leur offraient. Moïse avait prévu le danger, en défendant positivement à son peuple ces pratiques impures et religieuses. Ses paroles annoncent même que les

Phéniciens ou les Cananéens avaient, de son temps, corrompu l'esprit de l'institution primitive, et s'étaient laissé aller à des désordres plus révoltants encore : « Il n'y aura point, dit-il, de femmes prostituées parmi les filles d'Israël ; ni de fornicateurs parmi les garçons d'Israël ; vous n'offrirez point, dans la maison du Seigneur votre Dieu, la récompense de la prostituée, ni le prix du chien. »

On voit, dans ce passage, les pratiques du culte d'Astarté ou de Mylitta, bien désignées ; la prostitution des jeunes gens des deux sexes, et le prix de cette prostitution offert à la divinité. L'auteur du *Deutéronome* emploie, dans le texte hébreu, au lieu des mots grossiers de *meretrix* et de *scortator*, qui se trouvent dans la Vulgate, des expressions qui répondent à celles de *consacrées*, *consacrés* ou *efféminés*, qualifications servant à caractériser les garçons et les filles qui prétendaient honorer la divinité par de tels actes d'impureté.

Malgré ces défenses, les Israélites forniquèrent avec les consacrées et même avec les efféminés, et ils forniquèrent avec tant d'éclat qu'Aza, roi de Juda, chassa ces efféminés du pays de sa domination. Son fils Josaphat, qui lui succéda, fit plus encore ; il en extermina un grand nombre. Les effets de ces exemples terribles ne furent pas de longue durée. Les prostitutions religieuses reprirent faveur parmi les Israélites, et ils exercèrent jusque dans le lieu consacré au Seigneur.

« Josias, dit l'auteur du quatrième livre des *Rois*, abattit les cabanes des efféminés ou consacrés, qui étaient dans la maison du seigneur, pour lesquels des femmes travaillaient à faire des tentes en l'honneur d'Assera ou d'Astarté. »

La déesse de la génération était, chez les Arméniens, nommée Diane Anaïtis. Strabon nous apprend que ces peuples lui rendaient un culte particulier. Ils lui consacraient les prémices de leurs esclaves, de leurs filles les plus qualifiées. Elles se prostituaient dans le temple de la déesse ; alors seulement, elles étaient dignes du mariage, et les hommes s'honoraient de les épouser.

« C'était une pratique commune, chez les Lydiens, que les nouvelles mariées se prostituassent avant d'habiter avec leurs maris ; mais, le mariage une fois consommé, elles devaient à leurs époux une fidélité inviolable : il n'y avait point de grâce pour celles qui s'en seraient écartées. »

« Toutes les filles, dans le pays lydien, dit Hérodote, se livrent à la prostitution ; elles y gagnent leur dot, et continuent ce commerce jusqu'à ce qu'elles se marient. »

Pomponius Méla dit la même chose de celles des Augiles, peuple d'Afrique. Elles reçoivent tous les hommes qui s'offrent avec un présent, et plus le nombre de ceux qui sacrifient à leurs charmes est grand, plus elles en sont honorées.

Les Nasamons, peuple de la Libye, observaient le même usage : « Lorsqu'un d'eux, dit Hérodote, se marie, la première nuit de ses noces, la mariée accorde ses faveurs à tous les convives, et chacun lui fait un présent qu'il a apporté de sa maison. »

La prostitution était en honneur à Naucratis, en Égypte ; les filles de cette ville passaient pour les plus belles courtisanes de ce pays, et quelques-unes se sont rendues célèbres, telles que Rhodope et Archidice.

Ces prostitutions de filles avant leur mariage semblent, au premier abord, étrangères au culte ; mais lorsqu'on les rapproche de l'usage des prostitutions religieuses, on y remarque de grands rapports, et il est évident qu'elles en dérivent. Il en est de même des courtisanes de l'antiquité. On croirait que le libertinage, et les profits qui en peuvent résulter, étaient les seuls motifs de leur profession ; mais l'on doit savoir que ces courtisanes si nombreuses et si célèbres de la Grèce, officiaient dans le temple de Vénus, et étaient les uniques prêtresses de cette divinité. D'ailleurs, il est certain que les mêmes prostitutions religieuses qui avaient lieu à Babylone, dans toute la Phénicie et dans plusieurs autres parties de l'Orient, étaient, dans le principe, en vigueur à Paphos, dans l'île de Chypre, à Samos, à Corinthe, à Amathonte et dans les autres lieux où la divinité Vénus était en grande vénération. Les progrès de la civilisation firent ensuite sentir les indécences de ce culte. Des lois sages y portèrent la réforme, et les courtisanes en titre restèrent seules pour desservir le temple de cette déesse. On attribue à un certain Dexicréonte l'honneur d'avoir aboli les prostitutions religieuses à Samos.

Le culte de Vénus se maintint en Grèce, mais il y reçut un caractère qui tenait moins de la débauche que de la galanterie. Outre

Jacques-Antoine Dulaure

l'habitude qui, chez le vulgaire, est un des plus forts soutiens des institutions antiques, ces peuples avaient un autre motif pour conserver ce culte. Ils étaient persuadés que ceux qui le méprisaient attiraient sur eux la haine et la vengeance de la divinité. Les jeunes filles redoutaient les fureurs de Vénus, et la peur les rendait dévotes.

Les prêtres racontaient la fable des Propaetides, qui, rejetant le culte de cette déesse, en furent cruellement punies ; elles sentirent dans leurs veines le feu de l'impudicité, et furent, dit Ovide, les premières femmes qui se prostituèrent à tout venant. Elege et Celène, filles de Proetus, furent punies pour la même faute. « On les vit, dit Élien, parcourir toutes nues, comme des insensées, une partie du Péloponnèse et quelques autres contrées de la Grèce. »

Si les prostitutions religieuses se maintinrent dans quelques pays jusque dans des temps où la civilisation était avancée, c'est qu'elles n'y furent point aussi publiques. L'intérieur des temples, l'obscurité de la nuit, le secret des mystères, les cachèrent aux yeux des profanes. L'indiscrétion de quelques initiés, ou l'audace sacrilège de quelques hommes passionnés, purent seules lever le voile qui les cachait au vulgaire.

Dans le temple de Bélus, à Babylone, chaque nuit, une femme choisie était conduite par un prêtre, et couchée sur un lit magnifique situé dans le sanctuaire.

Voici comment s'explique Hérodote, en parlant de ce temple : « Personne n'y passe la nuit, à moins que ce ne soit une femme du pays dont le dieu a fait choix, comme le disent les Chaldéens, qui sont les prêtres de ce dieu. »

Ces mêmes prêtres ajoutent que le dieu vient lui-même dans la chapelle, et qu'il se repose sur le lit. Cela ne me parait pas croyable. La même chose, dit encore Hérodote, arrive à Thèbes en Égypte, s'il faut en croire les Égyptiens ; car il y couche une femme dans le temple de Jupiter thébéen, et l'on dit que ces femmes n'ont commerce avec aucun homme. La même chose s'observe aussi à Patarès en Lycie : lorsque le dieu honore cette ville de sa présence, alors on enferme la grande prêtresse la nuit dans le temple.

À Jagrenat, ville de l'Inde, les prêtres de Wischnou conduisent encore, pendant les huit jours que dure sa fête, dans le vaste temple qui lui est consacré, une vierge qui y passe la nuit pour épouser le dieu et le consulter sur la stérilité ou l'abondance de la récolte prochaine. C'était à Babylone, à Thèbes et à Patarès, comme c'est aujourd'hui à Jagrenat, non le dieu, mais les prêtres qui, à la faveur des ténèbres de la nuit, épousent la jeune mortelle.

Ce qui est remarquable, c'est qu'on adore encore à Jagrenat, comme on adorait à Babylone, une divinité qui préside à la génération, et que les jeunes filles de Jagrenat, avant de se marier, viennent faire une offrande à leur Vénus, comme celles de Babylone en faisaient à la leur.

Un autre trait de ressemblance existe dans la forme de ces divinités, mères de la génération ; elles étaient représentées en Assyrie, en Phénicie, à Paphos, comme elles le sont dans l'inde, à Jagrenat, à Bénarès, à Kesscrech et ailleurs, sous la forme d'une borne, d'une pierre pyramidale.

On connaît les dissolutions des mystères célébrés chez les Grecs d'Alexandrie en l'honneur d'Isis, de ceux d'Athènes célébrés par la secte des Baptes, en l'honneur de Cotytto ou de Vénus la Populaire ; on peut y joindre les mystères de Flore, de Bacchus, de la Bonne Déesse chez les Romains.

« Ne fuyez point, dit Ovide, en s'adressant à des hommes, ne fuyez point le temple de Memphis où l'on adore la génisse du Nil. Là, on y fait tout ce que Jupiter lui fit autrefois. » Et ailleurs, le même poète dit au gardien de sa maîtresse : « Ne l'informe point de ce qui se passe dans le temple de l'Égyptienne Isis. »

Ces prostitutions dans les temples étaient si universelles, qu'Hérodote n'a pas hésité à dire : « Presque tous les autres peuples, si l'on excepte les Égyptiens et les Grecs, ont commerce avec les femmes dans les lieux sacrés. »

Ces exceptions paraissent même un effet de la complaisance de l'auteur, et ce qu'il dit ailleurs, sur le même sujet, prouve qu'elles ne sont guère admissibles, comme on l'a déjà vu et comme on va le voir.

Les Dionysiaques des Grecs étaient fort indécentes mais il paraît que les Bacchanales des Romains les surpassaient encore : la civilisation ajoute ses vices aux institutions vicieuses déjà consacrées. Tite-Live nous a laissé un tableau révoltant des désordres excessifs qui se pratiquaient dans ces assemblées nocturnes et religieuses.

Les mystères de Bacchus étaient célébrés à Rome dans le temple de ce dieu, et dans le bois sacré appelé Simila, situé près du Tibre ; d'abord, les femmes seules y étaient admises, et la lumière du jour en éclairait toutes les cérémonies. Des dames respectables et mariées étaient tour à tour revêtues de la dignité de prêtresses. Aucun bruit scandaleux ne s'était élevé contre ces assemblées mystérieuses, lorsqu'une femme de la Campanie, nommée Pacculla Minia, obtint le sacerdoce des mystères de Bacchus. Elle en changea entièrement l'institution, en initiant ses deux fils. Cet exemple fut suivi ; des hommes furent introduits, et les désordres avec eux. Par ordre de la même prêtresse, les mystères ne furent plus célébrés que la nuit. Avant elle, ils n'avaient lieu que trois jours par année ; elle les fit célébrer chaque mois, et pendant cinq jours. Les jeunes garçons qu'on y admettait n'avaient jamais plus de vingt ans. Dans un âge plus avancé, ils auraient eu moins d'emportement pour les plaisirs, une imagination moins inflammable, un esprit moins crédule et moins propre à recevoir les impressions qu'on voulait leur donner.

Introduit par des prêtres dans des lieux souterrains, le jeune initié se trouvait livré à leur brutalité. Des hurlements affreux, et le son de plusieurs instruments, comme cymbales et tambours, servaient à étouffer les cris que la violence qu'il éprouvait pouvait lui arracher.

Les excès de la table, où le vin coulait en abondance, excitaient à d'autres excès que la nuit favorisait par ses ténèbres. Tout âge, tout sexe étaient confondus. Chacun satisfaisait le goût auquel il était enclin ; toute pudeur était bannie ; tous les genres de luxure, même ceux que la nature réprouve, souillaient le temple de la divinité.

Si quelques jeunes initiés témoignaient de la honte pour tant d'horreur, opposaient de la résistance à ces prêtres libertins, ou même s'ils s'acquittaient avec négligence de ce qu'on exigeait d'eux, ils étaient sacrifiés et, dans la crainte de leurs indiscrétions, on leur ôtait la vie. On les attachait fortement à certaines machines, avec lesquelles ils étaient subitement enlevés et plongés ensuite dans une caverne profonde. Les prêtres justifiaient en public leur disparition, en disant que le dieu, irrité, était l'auteur de cet enlèvement.

Les danses, les courses, les cris des hommes et des femmes qu'on disait agités d'une fureur divine, et qui ne l'étaient que par les fumées du vin, formaient un épisode principal de ces cérémonies, et faisaient diversion à d'autres désordres. On voyait des femmes, les cheveux épars, tenant en main des torches allumées, aller les plonger dans les eaux du Tibre sans les éteindre. Ce prétendu miracle s'opérait, dit Tite-Live, parce que la matière inflammable de ces torches était composée de soufre et de chaux.

Des crimes d'un autre genre s'ourdissaient dans ces assemblées nocturnes. On y préparait des poisons ; on disposait des délations et de faux témoignages ; on fabriquait des testaments, on projetait des assassinats.

On y trouvait des initiés de toutes les classes, et même des Romains et des Romaines du premier rang ; leur nombre était immense. Ce n'était plus une société, c'était un peuple entier qui partageait ces désordres abominables, et conjurait même contre l'État. Ce fut sous ce dernier rapport que le consul Posthumius fit envisager cette agrégation lorsqu'il la dénonça au sénat de Rome, et peut-être cette seule considération détermina-t-elle ce sénat superstitieux à porter atteinte à la religion, en abolissant ces assemblées abominables ; elles le furent l'an de Rome 564.

Si les Romains abolirent pour quelque temps les Bacchanales, ils laissèrent subsister le culte de la Bonne Déesse. Les hommes, à la vérité, étaient bannis de ses mystères, mais les excès ne l'étaient point.

« Elles nous sont connues, les secrètes pratiques du culte de la Bonne Déesse, dit Juvénal. Étourdies par le bruit des trompettes, enivrées de vin, ces ménades luxurieuses courent échevelées, et appellent, par des hurlements, Priape à leur secours. Qui pourra exprimer l'ardeur libidineuse qui les dévore ? qui pourra peindre leurs danses lascives, mêlées de cris, et les torrents de vin dont elles sont toutes inondées ? Voyez Laufella, qui, la tête couronnée de fleurs, provoque jusqu'aux servantes des plus viles courtisanes mais Médulline la surpasse dans l'art des postures et des mouvements lascifs. Ce sont ici les plus grands excès qui attirent le plus de gloire ; rien n'est figuré, tout est réel dans leurs actions.

Jacques-Antoine Dulaure

Les vieillards les plus refroidis par l'âge, le vieux Priam et Nestor, s'enflammeraient à la vue de leur lubricité, s'ils pouvaient les voir sans en être révoltés. Bientôt ces furies, irritées par les progrès de leurs désirs, et ne pouvant en supporter la violence, font retentir leur caverne de ces cris : « Qu'on fasse entrer des hommes, il en est temps ! Serait-il endormi, mon amant ? qu'on l'éveille ! » L'amant ne vient pas. « Faites venir des esclaves ; s'il ne s'en trouve point, un porteur d'eau. » Point de porteur d'eau. Elles sont réduites à demander, faute d'hommes, l'assistance d'un vil quadrupède. »

C'est à ce point de dépravation que dégénéra un culte dont les motifs étaient originairement purs ; un culte à la vérité très susceptible d'abus, et qui ne put s'en préserver, mais dont les premiers fondateurs avaient des intentions louables ; ils le croyaient sans doute nécessaire à la propagation de l'espèce humaine, à sa prospérité, propre à réunir les familles, à resserrer les liens sociaux, à maintenir la paix et l'union entre les nations, à accroître la population, et peut-être à détruire des habitudes vicieuses qui lui sont contraires. Il faudrait avoir vécu dans les lieux et dans les temps où ces institutions ont pris naissance, pour pouvoir sainement les juger.

Ces motifs, qui ont fait naître les institutions dont je viens de parler, ont aussi amené des pratiques, des usages qui ont des rapports avec elles, qui ont comme elles ce caractère que, dans nos mœurs, nous qualifions d'indécence.

L'on peut croire que si l'acte de la génération était honoré comme un acte religieux, les membres, principaux coopérateurs de cet acte, devaient jouir au moins des mêmes prérogatives. Aussi les organes de la génération, loin d'être un objet de ridicule ou de honte, étaient-ils très considérés et honorablement qualifiés. Leur exposition aux regards publics ne causait point de scandale, ne blessait ni les mœurs, ni les convenances : ils étaient même religieusement invoqués dans les serments les plus solennels. Jurer, en y posant la main, sur l'autel, c'était donner la plus forte garantie de l'inviolabilité d'une promesse.

Sésostris, roi Égypte, pendant le cours de ses vastes conquêtes, faisait dresser, chez presque tous les peuples qu'il avait soumis, des colonnes portant cette inscription :

Sésostris, roi des rois, seigneur des seigneurs, a conquis ce pays par ses armes.

Chez les peuples belliqueux et braves, ces colonnes offraient l'image du sexe de l'homme, et sur celles élevées chez une nation lâche et sans énergie, on voyait au contraire la marque du sexe féminin. Ces représentations n'avaient alors rien d'indécent, et les historiens de l'antiquité qui nous en parlent, ne leur font point ce reproche.

Psammétik, autre roi Égypte, voulant retenir dans leur pays des soldats égyptiens qui, mécontents, se retiraient en Éthiopie, leur parla de leur patrie, de leurs femmes, de leurs enfants.

Les soldats alors relevèrent leurs tuniques et, montrant le signe de virilité, répondirent qu'avec cela, ils ne manqueraient ni de femmes ni d'enfants. Ce fait est cité par Diodore de Sicile comme une bravade, et non comme une action contraire à la décence.

Les mœurs des Hébreux, surtout avant la loi de Moïse, ne différaient guère de celles des peuples qui les environnaient : elles étaient formées des mêmes idées, des mêmes principes. Noé, étant ivre, montre sa nudité ; il n'en est point blâmé : mais son fils Cham, qui s'en était moqué, est maudit ainsi que toute sa postérité.

David, en dansant de toute sa force devant l'arche, relève trop haut son éphod de lin, laisse voir ce qu'il devait cacher, et fait rire les servantes de Jérusalem. Sa femme Michol lui en fait ensuite des reproches. David, piqué, répond : « Je danserai, je paraîtrai plus vil encore que je n'ai paru, je serai méprisable à mes propres yeux, et devant les servantes dont vous parlez, et même j'en ferai gloire. » David n'est point blâmé pour avoir, pendant une cérémonie publique et religieuse, commis une indécence et montré sa nudité ; c'est au contraire sa femme Michol qui est punie pour lui en avoir fait le reproche : elle fut frappée de stérilité.

Ces deux exemples prouvent le grand respect des Hébreux pour les instruments de la génération ; mais nous en avons plusieurs autres preuves : ils y portaient la main dans leurs serments solennels, et alors, le serment était réputé inviolable.

Lorsqu'on fait dire à Abraham, s'adressant à Eliézer : « Mettez la main sur ma cuisse, et promettez-moi que vous ne marierez point mon fils à une Canaanéenne. » Lorsqu'on fait adresser, par Jacob mourant, ce discours à Joseph : « Touchez ma cuisse, mon fils, et jurez-moi que vous ne m'enterrerez point en Égypte », on a inexactement traduit le texte hébraïque. Ce n'est pas de la cuisse dont il est question, disent les plus savants commentateurs ; et les rabbins croient qu'un tel attouchement était institué pour honorer la circoncision.

Cet usage s'est conservé dans ce pays jusqu'à nos jours. Les Arabes, suivant plusieurs voyageurs, soit pour saluer, soit pour engager leur promesse, dans la forme la plus solennelle, portaient la main en cet endroit. En voici un exemple récent, rapporté dans une lettre de l'adjudant général Julien à un membre de l'institut Égypte.

« Lorsque les mamelouks parurent pour la première fois à Rahmanyéh, nos avant-postes arrêtèrent un habitant du pays qui traversait la plaine. Les volontaires qui le conduisaient, prétendaient l'avoir vu sortir des rangs ennemis, et le traitèrent assez durement, le regardant comme un espion. Me trouvant sur son passage, j'ordonnai qu'il fût conduit au quartier général sans qu'on lui fît aucun mal. Ce malheureux, rassuré par la manière dont il me vit parler, chercha à me prouver qu'il n'était point le partisan des mamelouks... Il vit bien que je ne pouvais le comprendre. Alors, il lève sa chemise bleue et, prenant son Phallus à poignée, il reste un moment dans l'attitude théâtrale d'un dieu jurant par le Styx. Sa physionomie semblait me dire : « Après le serment terrible que je fais pour vous prouver mon innocence, osez-vous en douter ? » Son geste me rappela que du temps d'Abraham, on jurait en vérité en portant la main aux organes de la génération. »

Une pratique, qui a beaucoup de rapport avec cette manière de jurer, a subsisté dans le Nord de l'Europe, et c'est une loi qui en atteste l'existence.

Un article des lois que Hoël le Bon fit au Xe siècle pour la province de Galles en Angleterre, porte que si une femme violée veut poursuivre en justice celui qui lui a fait cet outrage, elle doit, en proférant le serment déclaratif du crime et du criminel, poser sa main droite sur les reliques des saints, et de la gauche tenir le membre viril de l'accusé.

Chez les Orientaux, la nudité des femmes n'était pas plus honteuse que celle des hommes.

Moïse, dont l'objet principal était d'établir des lois absolument opposées aux usages des Égyptiens et des Cananéens ou Phéniciens, prescrit aux Hébreux de ne point imiter ces peuples, et de ne point découvrir ce qui doit être caché dans les femmes qui leur sont parentes ou alliées. « Vous n'agirez point, leur dit-il, selon les coutumes du pays Égypte où vous avez demeuré, ni selon les moeurs du pays de Canaan dans lequel je vous ferai entrer. Vous ne suivrez ni leurs lois, ni leurs règles... Nul homme ne s'approchera de celle qui lui est unie par la proximité du sang, pour découvrir ce que la pudeur veut qui soit caché. »

Moïse spécifie ensuite tous les degrés de parenté dans lesquels de telles indécences envers les femmes doivent être prohibées. Il parle aussi de délits plus graves encore, et ajoute : « Vous ne vous souillerez pas par toutes ces infamies dont se sont souillés tous les peuples que je chasserai devant vous, et qui ont déshonoré ce pays-là. Je punirai moi-même les crimes de cette terre, afin qu'elle rejette avec horreur ses habitants hors de son sein. »

Ainsi, on peut conclure de ces paroles que les indécences prohibées par Moïse étaient communes aux Égyptiens, dont les Hébreux venaient de fuir le pays, et aux Cananéens ou Phéniciens, dans le pays desquels ils allaient s'établir.

On voit en effet, par plusieurs traits de l'histoire, que la pudeur n'était pas la principale vertu des Égyptiennes. On a déjà remarqué que, pendant quarante jours, elles allaient se présenter au taureau Apis, et se découvraient fort indécemment devant cet animal-dieu. Elles n'étaient pas plus réservées dans d'autres circonstances. Lorsque, chaque année, elles se rendaient par eau à Bubastis pour y célébrer la fête de Diane, hommes et femmes confondus dans le même bateau, s'exerçaient par des chants, des danses, accompagnés du son de la flûte et du bruit des castagnettes. « Lorsqu'on passe près d'une ville, dit Hérodote, on fait approcher le bateau du rivage. Parmi les femmes, les unes continuent à chanter, à jouer des castagnettes, et d'autres crient de toutes leurs forces et disent des injures à celles de la ville ; celles-ci se mettant à danser, et celles-là se tenant debout, retroussent indécemment leurs robes. La même

Jacques-Antoine Dulaure

chose s'observe à chaque ville qu'on rencontre le long du fleuve. »

Dans la guerre que Cyrus, roi de Perse, eut à soutenir contre Astyage, roi des Mèdes, on vit un pareil trait d'indécence. Les historiens de l'antiquité nous le donnent comme un acte de patriotisme et de courage. Astyage, après avoir harangué ses troupes, tombe avec vigueur sur l'armée des Perses. Ceux-ci, étonnés, plient et reculent insensiblement. Leurs mères et leurs femmes accourent vers eux, les prient de revenir à la charge et, les voyant balancer, se découvrent à leurs yeux, leur présentent les flancs qui les ont portés, et leur demandent s'ils veulent se réfugier dans le sein de leurs mères ou de leurs épouses. Cette vue et ce reproche les font retourner : ils sont vainqueurs.

Plutarque place ce trait au rang des actions courageuses des femmes. Il ajoute, après l'avoir rapporté, que Cyrus, plein de reconnaissance et d'admiration pour cet acte d'indépendance et de patriotisme, fit une loi portant que toutes les fois que le roi de Perse entrerait dans la ville, chaque femme recevrait une pièce d'or.

Le visage était et est encore la partie honteuse des femmes de l'Orient ; elles le cachent avec soin sous un long voile. En voilant ce que nos femmes européennes mettent à découvert, elles montrent sans difficulté ce que celles-ci couvrent scrupuleusement.

Les Grecs étaient tout aussi indifférents sur les nudités que les autres peuples de l'Orient ; ils s'en servirent comme un moyen politique et propre à ramener un sexe vers l'autre, à exciter des désirs qui devaient tourner au profit de la population.

C'étaient les vues de Lycurgue, lorsque à Sparte il institua des exercices et des danses où les jeunes filles et leurs garçons figuraient en public entièrement nus. « Pour prévenir la mollesse d'une éducation sédentaire, dit Plutarque, il accoutuma les jeunes filles à paraître nues en public, comme les jeunes gens ; à danser, à chanter à certaines solennités, en présence de ceux à qui, dans leurs chansons, elles lançaient à propos des traits piquants de railleries, lorsqu'ils avaient fait quelques fautes, comme elles leur donnaient des louanges quand ils les avaient méritées... La nudité des filles n'avait rien de honteux, parce que la vertu leur servait de voile et écartait toute idée d'intempérance. Cet usage leur faisait contracter des moeurs simples, leur inspirait entre elles une vive émulation de vigueur et de force, et leur donnait des sentiments élevés, en leur montrant qu'elles pouvaient partager avec les hommes le prix de la gloire et de la vertu... C'était aussi une amorce pour le mariage, que ces danses et ces exercices que les jeunes filles faisaient en cet état, devant les jeunes gens qui se sentaient attirés, non par cette nécessité géométrique dont parle Platon, mais par une nécessité plus forte encore, celle de l'amour. Non content de cela, Lycurgue attacha au célibat une note d'infamie : les célibataires étaient exclus des combats gymniques de ces filles, et les magistrats les obligeaient, pendant l'hiver, de faire le tour de la place tout nus, en chantant une chanson faite contre eux, et qui disait qu'ils étaient punis avec justice pour avoir désobéi aux lois. »

Cette dernière disposition démontre évidemment le but du législateur : il voulait peupler sa république, il voulait la peupler de citoyens forts, robustes et capables de la défendre avec zèle, avec vigueur. Sachant quelle était sur les hommes l'influence des femmes, il forma celles-ci de manière qu'elles pussent à leur tour former au moral comme au physique des hommes propres à remplir ses sages intentions. Le succès qu'il obtint prouve son grand génie, l'excellence de ses institutions.

Platon adopta ces mêmes idées qui, sans doute, n'étaient point contraires à celles de son temps et de son pays : il voulait que les filles, avant l'âge de la puberté, entrassent nues dans la carrière, et que les jeunes gens des deux sexes dansassent ensemble nus, afin de se connaître réciproquement.

Il faudrait joindre ici la description des exercices gymniques, des scènes indécentes qui accompagnaient les pompes religieuses et les fêtes de diverses divinités, des danses lascives des Grecs et des Romains, où les nudités et même les gestes lubriques ne blessaient aucunement la décence et ne rappelaient souvent que des idées religieuses ; mais mon objet n'est point d'offrir ces nouveaux tableaux. Le lecteur judicieux conclura facilement de l'exposition des opinions, des mœurs, des usages et des institutions que je viens de lui faire, que ces opinions, que ces mœurs, que ces institutions dérivent de la chaleur du climat et de la nécessité de favoriser la population.

Il conclura que la pudeur, vertu de convenance, n'en est une que

Jacques-Antoine Dulaure

pour les peuples qui en ont pris l'habitude ; que cette habitude résulte ordinairement de la température du climat qu'ils habitent et de la nécessité de se vêtir ; et que la pudeur diffère de la chasteté.

Il conclura enfin, et c'est là l'objet principal de ce chapitre, que les pratiques, les opinions, les institutions dont je viens de parler, partaient de la même source que le culte du Phallus ou de Priape, qui était en vigueur dans les mêmes temps, dans les mêmes pays ; qu'elles avaient le même motif ; qu'ayant des formes approchantes et également outrageantes à la décence des peuples civilisés, elles étaient avec lui en harmonie parfaite, et qu'elles rendent l'existence de ce culte plus vraisemblable et moins étrange à nos esprits prévenus.

ISBN : 978-1539095620

www.ingramcontent.com/pod-product-compliance
Lightning Source LLC
Chambersburg PA
CBHW070135290526
45789CB00005B/2252